les Chiffres de Balthazar

Dans la collection Balthazar

AIDE-MOI À FAIRE SEUL

LECTURE

- Les lettres de Balthazar **dès 3 ans**
- Balthazar découvre les phonèmes **dès 5 ans**
- Des actions à lire et à mimer avec Balthazar **dès 5 ans**
- Des rimes à lire et à construire avec Balthazar **dès 5 ans**
- *Je lis une histoire avec Balthazar* La forêt de l'amie Carabosse **dès 5 ans**

MATHÉMATIQUES

- Les chiffres de Balthazar **dès 3 ans**
- Balthazar découvre les formes **dès 3 ans**

DÉCOUVERTE

- Les sons de Balthazar **dès 3 ans**
- Les couleurs de Balthazar **dès 3 ans**
- Balthazar et les odeurs **dès 3 ans**
- Balthazar et le temps qui passe **dès 4 ans**
- Balthazar et l'espace **dès 4 ans**

LES ALBUMS DE BALTHAZAR

- Le Noël de Balthazar
- Le jour de ta naissance

À Féodora Stancioff,
Nadejda, Orphée, Samson et Sauréa,
ce livre qui leur doit tant
leur est dédié avec amour.

En hommage à Maria Montessori (1870-1952)
qui consacra brillament sa vie et sa carrière
à l'Enfant.

ISBN : 2-7438-0116.6 - Dépôt légal : 2001.04.34, mai 2004 - ISSN : 1285 - 3291
Loi n° 49 956 du 16 juillet 1949 sur les publications destinées à la jeunesse. - Imprimé en Corée par Shinwoo printing

Marie-Hélène Place Caroline Fontaine-Riquier

les Chiffres de Balthazar

LES CHIFFRES

HATIER

Voici ma main
elle a cinq doigts
en voilà UN

1

requin

Voici ma main
elle a cinq doigts
en voilà **DEUX**

2

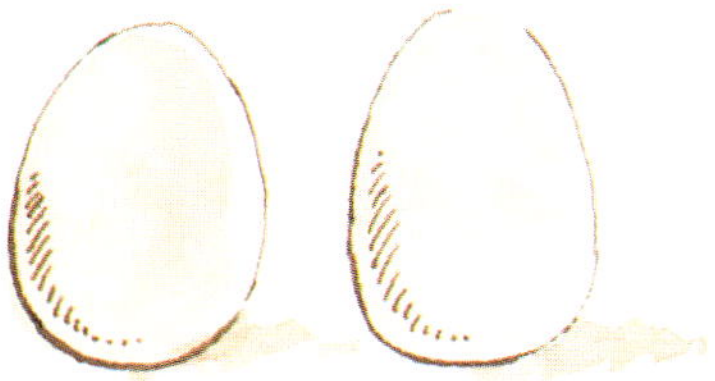

œufs

Voici ma main
elle a cinq doigts
en voilà TROIS

3

rois

Voici ma main
elle a cinq doigts
en voilà QUATRE

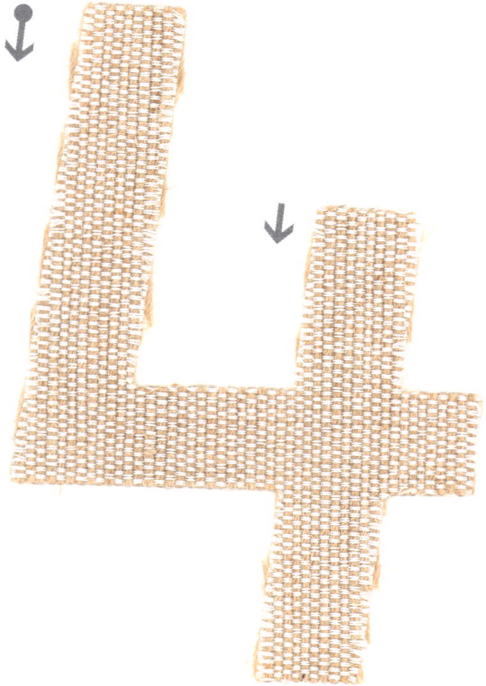

cartes

Voici ma main
elle a CINQ doigts
les voilà!

5

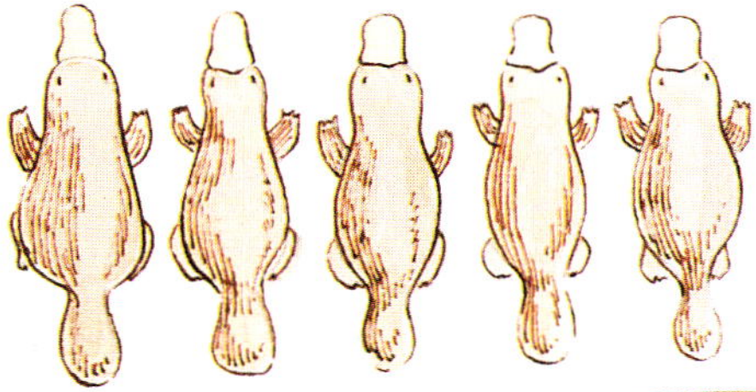

ornithorynques

J'ai deux mains
j'ai dix doigts
en voilà SIX

6

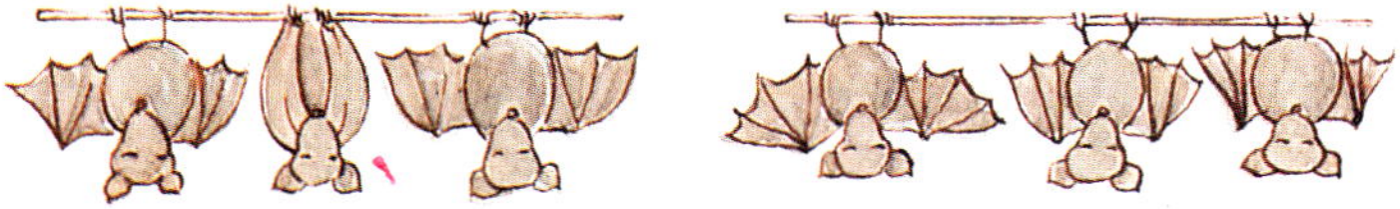

chauve-souris

J'ai deux mains
j'ai dix doigts
en voilà SEPT

7

sucettes

J'ai deux mains
j'ai dix doigts
en voilà HUIT

fourmis

J'ai deux mains
j'ai dix doigts
en voilà **NEUF**

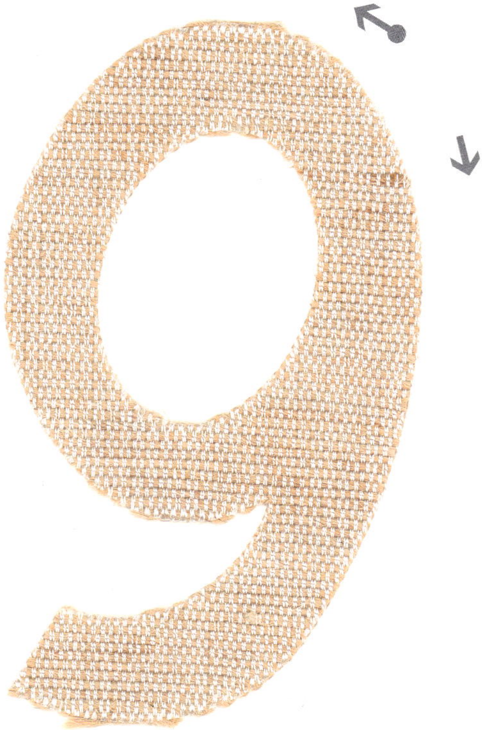

sous neufs

J'ai deux mains
j'ai **DIX** doigts
les voilà!

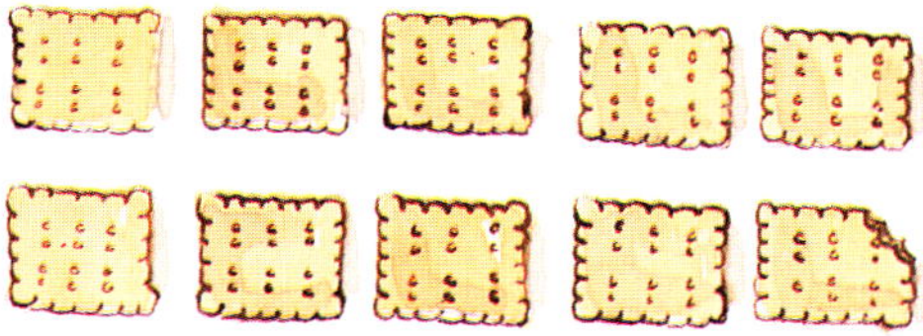

biscuits

Je les cache
derrière mon dos
il en reste ZERO

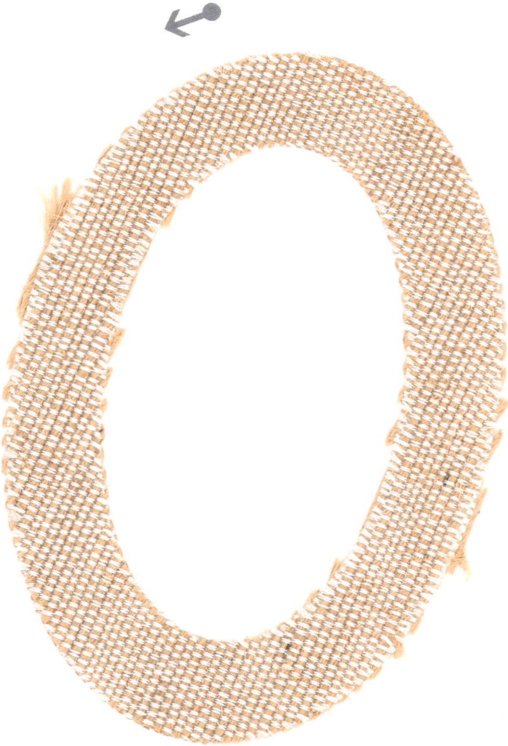

BRAVO!

Que faut il pour ma recette?

Recette de Balthazar
1
2
3
4
5
6
7
8
9
10
Faites mijoter

et buvez!